CARLOS AFONSO SCHMITT

O FASCINANTE
PODER DE SUAS CRENÇAS

Como condicionam, amarram ou libertam você
ao longo da vida

Dados Internacionais de Catalogação na Publicação (CIP)
(Câmara Brasileira do Livro, SP, Brasil)

Schmitt, Carlos Afonso
O fascinante poder de suas crenças : como condicionam, amarram ou libertam você ao longo da vida / Carlos Afonso Schmitt. – São Paulo : Paulinas, 2018. – (Coleção vida plena)

ISBN: 978-85-356-4476-0

1. Crenças 2. Cultura popular 3. Devoções populares 4. Prática religiosa 5. Religiões 6. Usos e costumes I. Título. II. Série.

18-21274   CDD-200

Índice para catálogo sistemático:

1. Crenças : Religião   200

Iolanda Rodrigues Biode - Bibliotecária - CRB-8/10014

1ª edição – 2018

Direção-geral:
Flávia Reginatto

Editora responsável:
Andréia Schweitzer

Copidesque:
Mônica Elaine G. S. da Costa

Coordenação de revisão:
Marina Mendonça

Revisão:
Sandra Sinzato

Gerente de produção:
Felício Calegaro Neto

Projeto gráfico:
Telma Custódio

Diagramação:
Jéssica Diniz Souza

Nenhuma parte desta obra poderá ser reproduzida ou transmitida por qualquer forma e/ou quaisquer meios (eletrônico ou mecânico, incluindo fotocópia e gravação) ou arquivada em qualquer sistema ou banco de dados sem permissão escrita da Editora. Direitos reservados.

Paulinas

Rua Dona Inácia Uchoa, 62
04110-020 – São Paulo – SP (Brasil)
Tel.: (11) 2125-3500
http://www.paulinas.com.br – editora@paulinas.com.br
Telemarketing e SAC: 0800-7010081

© Pia Sociedade Filhas de São Paulo – São Paulo, 2018

Sumário

Introdução 7

1. Origens familiares 9

2. Os primeiros passos 13

3. O perfil de nossos pais 15

4. Mérito ou demérito? 17

5. Crenças e valores 19

6. Criando novas crenças 21

7. Superstições, simpatias e crendices 23

8. Crenças e dinheiro 25

9. Doenças ou saúde? 27

10. Crenças, amor e sexo 29

11. Idade mental: juventude ou velhice? ... 31

12. Deus gosta ou não gosta? 33

13. Religião: entrave ou libertação? 35

14. O inconsciente não julga, realiza 37

15. Crenças são âncoras 39

16. Viver antenado 41

17. Rompendo limites 43

18. Deus: seu lugar em nossas crenças 45

Introdução

Este livro quer refletir com você sobre crenças. Pretende fazê-lo de forma muito particular: analisar *suas* crenças. Aquelas que desde a infância o *condicionam*, o amarram, psicológica ou afetivamente, e aquelas que o *libertam* e, por seu *fascinante poder*, permitem que sua vida se desenvolva com saúde, amor e prosperidade.

É um audacioso projeto. Exige sua ativa participação para alcançar os objetivos propostos. Não se trata de "crenças em geral". Trata-se das *suas* crenças, e, por isso, amigo leitor, você deve dispor-se a descobrir *quais são elas*. É aqui que se inicia o desafio: nossas crenças – em sua grande maioria – são *inconscientes*. Escondidas no recôndito da mente, são de difícil e trabalhoso acesso.

É preciso garimpá-las, ir a fundo, monitorá-las constantemente. Perceber que, em nossa linguagem e em nossas atitudes, elas se revelam. Sua manifestação poderá passar despercebida sem nossa observação atenta e consciente. Temos que desvendar sua origem e seus objetivos, se quisermos entendê-las ou, até mesmo, transformá-las.

Crenças significam aqui *convicções herdadas ou aprendidas, profundamente introjetadas*. Pouco importa que sejam religiosas, familiares, sociais, políticas ou financeiras. Tenham elas relação com doença ou saúde, maldição ou bênção, pobreza ou prosperidade, *crenças são poderosas*, independentemente de termos ou não consciência delas. Agem contra nós ou a nosso favor, dependendo unicamente do seu conteúdo negativo ou positivo. Elas não julgam, apenas executam.

Nasce daí a grande importância de conhecer e monitorar suas crenças. São elas que, dia e noite, desgovernam ou norteiam sua vida. São elas, portanto, que merecem total atenção. Algumas, com certeza, precisam ser substituídas. Crenças novas necessitam ser criadas.

Belo e maravilhoso projeto, um audacioso desafio. Você é convidado a fazer comigo esta jornada. Vamos juntos?

1. Origens familiares

Podemos afirmar, sem exagero, que as crenças nascem conosco. Desde o ventre da nossa mãe, de certa forma, somos influenciados pelas convicções que alimentam a mente de nossa genitora. Nossa família vive sob o signo de costumes e tradições – algumas milenares –, que passam, por simbiose, para os dados que compõem nosso incipiente arquivo de vida.

Nosso pai também nos influencia. Seu estado de espírito, suas expectativas, seus medos ou até restrições a nosso respeito são arquivados em nosso computador mental. Desenvolvemo-nos, no útero de nossa mãe, motivados pelos bons fluidos que nos chegam, ou desestimulados pelas rejeições que se opõem a nossa vinda.

Se houve irmãos que vieram antes de nós, nos aguardaram com alegria ou ficaram indiferentes a mais alguém que veio para aumentar o número de bocas que precisam ser alimentadas... Tudo nos atinge e nos deixa receosos ou animados com a recepção que temos.

Começam daí nossas crenças.

- Sou bem-vindo ou não?
- Sou esperado ou apenas aceito?
- Sou querido pelos meus familiares ou venho para atrapalhar?

Nossa mente inconsciente já está ativa desde o primeiro momento. Mesmo não tendo ainda o cérebro formado, ela está gravando tudo. Faz parte da manifestação da alma. *Nossa origem, acima de tudo, é divina.* E, ao receber um corpo, mente e cérebro passam a trabalhar interligados, complementando-se mutuamente. Tudo que acontece num, expressa-se no outro. Por tudo isso, a ciência sabe que nossas crenças mais profundas têm raízes anímicas e mentais, antes de serem expressões do cérebro.

O *ambiente familiar*, quer queiramos, quer não, quer saibamos, quer não, nos *condiciona* desde que iniciamos nossa participação na estrutura denominada "família". Somos mais alguém e, ao mesmo tempo, somos *únicos* e *especiais* aos olhos de Deus.

Viemos realizar um *propósito de vida* que nossa alma escolheu e muito bem conhece. Daqui para a frente a tarefa é longa e delicada: nossa personalidade humana, nosso ego, precisa descobrir e adaptar-se, passo a passo, à missão que lhe cabe executar em conjunto com o eu superior.

Um espírito, revestido com as formas de um homem ou de uma mulher, veio habitar nosso planeta. E assim, divino-humano, é frágil e forte, confuso e lúcido, perecível e imortal. É você. Sou eu.

Crescemos registrando tudo. Ainda não sabemos interpretar. Não sabemos discernir. O inconsciente, porém, trabalha com os registros já arquivados. E alegramo-nos porque a vida é uma festa. Choramos porque nos sentimos pouco acolhidos ou até mesmo rejeitados, e isso nos entristece e nos torna pouco saudáveis.

É o começo de uma longa caminhada. Longa, assim o esperam nossos pais. Se assim também o esperamos, nossa vida começa a prolongar-se em meses e anos, tantos quantos nossa alma anseia vivenciar.

Nem sempre, no entanto, a caminhada é longa. Há quem fique pouco tempo. Coisas da alma e de Deus... Tempo suficiente, porém, para cumprir a missão a que veio. Vida breve, mas cheia de significado. E é importante desvendá-lo à luz da fé, tanto para os familiares quanto para os parentes mais próximos.

Tudo faz parte da grande orquestra de Deus. Nenhuma nota de uma sinfonia pode ser desprezada. Nem a mais breve ou quase imperceptível. Todas são importantes. São elas, em seu conjunto, que compõem a melodia. Que fazem a beleza da música.

Assim é na vida de cada um de nós.

Seja quem você for, sua vida é uma nota indispensável na grande sinfonia do universo. Você faz parte da música de Deus. Deixe-se tocar por ele. Ressoe feliz! Há ouvidos dispostos a escutá-lo. Há corações querendo apreciar sua melodia.

Você é bem-vindo! Apresente-se ao mundo!

2. Os primeiros passos

Os pais conduzem os passos imaturos das crianças. Neles, elas se apoiam e confiam. Por vezes, são os avós que cumprem tão relevante papel. Alguma tia ou madrinha que tenha melhores condições financeiras pode assumir também a responsabilidade de criá-las, ou algum parente mais próximo.

Há quem não conheça seu pai biológico nem mesmo sua mãe. São "filhos da vida" que outros pais – pais do coração – acolheram para criar. São as providências de Deus que estende seus braços para ampará-los, sustentando-os em sua incipiente fragilidade.

Crianças são como esponjas, absorvem tudo. O ambiente que as rodeia impregna-se nelas. Um dia todos fomos "esponjas emocionais": tornaram-nos crianças condicionadas; fizeram-nos à imagem e semelhança de suas crenças e possibilidades.

Hoje, no entanto, o jogo é outro. É nossa vez de jogar. Passaram-nos a bola e precisamos mostrar serviço. E o que fazemos em campo? Assumimos nosso papel, responsáveis pela vida que recebemos, ou ficamos ainda aguardando que joguem por nós?...

As crenças que herdamos são nossa bússola inicial. Norteamo-nos por elas até alcançarmos a lucidez e a maturidade necessárias para fazer nossas próprias escolhas.

Nosso mundo infantil é povoado de demônios ou de anjos. Cercam-nos o medo ou a coragem. Acompanham-nos a insegurança ou a fé. Crescemos condicionados, quer queiramos, quer não.

O campo das crenças é vasto, imenso como o planeta que nos acolhe. Não cabe aqui qualquer juízo de valores. Constatamos apenas um pouco do muito que aflora da alma humana, com o único intuito de facilitar a própria análise dos fatos e compreender melhor a vida.

Há quem diga que "tudo começa aqui". Seríamos como "tábula rasa", na qual se inicia uma escrita: nossa história. A oportunidade seria *única* e o *retorno* ao mundo espiritual – após a morte física –, *definitivo*. Para facilitar a jornada, Deus teria enviado ao mundo um Salvador, seu próprio Filho Jesus, para nos orientar e remir. Outros pensam de forma diversa. Falam de *várias vidas*, passagens da alma em corpos diferentes. Teríamos uma "personalidade congênita" a influenciar-nos, traços anímicos acompanhando nossa nova jornada.

Há ainda quem em nada disso acredite. Dizendo-se materialistas ou ateus, céticos, sem anjos nem demônios, sem santos nem orixás, cultivam a própria "crença" em sua descrença.

Para ajudar nessa busca, convém que façamos ainda alguns questionamentos importantes.

Qual o quadro religioso, afetivo e psicológico que lhe serviu de base nos primeiros anos de vida?

Você já fez suas próprias escolhas, assumindo o comando da vida, ou oscila constantemente entre várias crenças que o rodeiam?

Tem consciência do *incrível e fascinante poder* que as crenças exercem em sua vida, ou vive desligado, desatento ao que acontece em sua mente?

Crenças são poderosas. *A fé que você deposita nelas cria os resultados.* Elas o amarram ou lhe dão asas; prendem-no aos grilhões da estagnação ou lhe proporcionam voos de águia.

Fique atento! Você é responsável pelas crenças que hoje continua adotando, ou pela falta de fé que o desmotiva.

Uma coisa é certa: ninguém vive sem crenças. São elas nosso pão, nossa água... o ar que nossa alma respira.

3. O perfil de nossos pais

Carregamos conosco alguns traços característicos de nossos pais. São marcas indeléveis das quais, por vezes, temos pouca consciência. Somos um pouco do que nosso pai e um pouco do que nossa mãe representaram em nossas primeiras buscas de identidade.

Um pai ausente, pouco ou quase nada carinhoso, abre *na alma da menina* uma lacuna difícil de preencher. Há quem busque, a vida inteira, sem sucesso algum, a figura de um homem que lhe traga aquele amor e carinho que o pai não soube lhe dar. Quem garante que ela o encontre? Quem diz que seu vazio interior, sua primordial carência, será compensada?

E o *filho homem*, qual a imagem de pai que lhe fica impressa? Como será ele um dia com seus filhos? Um pai ausente ou participativo? Seguirá ou não o exemplo do próprio pai?

Uma *mãe dedicada*, devotada à família e aos cuidados com o esposo e os filhos, imprime em nossa mente a imagem do amor personificado que, inconscientemente, iremos perseguir ao longo da vida. O coração dos filhos ficará marcado para sempre. Encontrar uma mulher assim será o sonho de todo menino. Ser uma mulher assim, será o anseio de toda menina.

Cria-se, então, um quadro de novas crenças, algumas frustrantes, outras realizadoras. Todas, porém, *poderosas e decisivas* para um futuro feliz.

Há também o pai amoroso, braço firme e seguro, a conduzir os anseios dos filhos, abrindo-lhes horizontes mais amplos e coloridos. É esse o perfil que se abriga em sua mente?

Há ainda aquela mãe – mais anjo que gente – a iluminar os passos dos filhos, fazendo com que suas crenças e atitudes se perpetuem na vida deles. Assim, cada vez mais, os valores herdados passam de geração em geração. São *psicogenéticos*, muito mais "psico" do que "genéticos". Os primeiros, moldáveis; os segundos, nem sempre.

Suas crenças lhe dirão o significado que seus pais tiveram ou ainda têm em sua vida. Se você acredita em "destino cego ou fatalista", tudo lhe foi previamente determinado sem nenhuma escolha ou participação sua. Contudo, admitindo o livre-arbítrio e acreditando que *a vida é feita de escolhas*, seus próprios pais passam a ser uma escolha de sua alma que Deus lhe permitiu. Tudo, então, fica diferente. Se Deus permitiu que assim fosse, sua responsabilidade aumenta a ponto de tornar-se extremamente importante em cada escolha. Suas crenças e as interpretações que elas geram governam sua vida.

O perfil de seus pais o acompanha. Modelá-lo ou não, é escolha sua.

4. Mérito ou demérito?

Aprendemos o quê? Que somos dignos, que temos valor, que a autoestima é força poderosa, que somos filhos de Deus e, como tal, merecemos respeito, dedicação e amor?

Aprendemos o quê? Que somos pobres, sem muita importância, incapazes de vencer na vida; que era melhor não termos nascido; que somos um peso, mais uma boca para alimentar?

Aprendemos, a nosso respeito, o quê?...

Crescemos em uma cultura religiosa repleta de sentimentos de culpa, ameaças ou castigos, ou aprendemos a amar a Deus como um filho que se volta para o pai, confiante de ser ouvido?

Há quem se sinta culpado até por ter nascido. Viver, para ele, é ter que "pedir licença" para tudo e "desculpar-se de antemão" pelas coisas que possam dar errado. A imagem de ser um estorvo predomina em sua mente. Um terrível e frustrante *sentimento de vítima* se apodera impiedosamente dele. Já outros têm autoestima elevada, o que os faz confiar nos próprios atos e julgamentos, encarar os desafios com positividade e ver as dificuldades como oportunidades de aprendizagem.

Pare e analise, amigo leitor: qual a educação predominante que orientou sua infância e sua adolescência?

- *Educação dominadora*, proibitiva, cheia de tabus e castigos morais ou físicos, coibindo sua livre expressão, podando qualquer possibilidade de autoafirmação, cheia de mordaças e grilhões?

- *Educação libertadora*, abrindo espaço para ser você mesmo, alargando horizontes, dando-lhe asas de águia, impulsionando-o a descobrir a vida, a aventurar-se, a superar limites?

Suas crenças a respeito de si mesmo e da vida formam-se assim: imperceptivelmente. Sem que reparasse nelas, eis que estavam aí, freando ou impelindo você, deixando-o perplexo com as dificuldades ou feliz com as conquistas alcançadas. Agora é o momento de *ter consciência*, cada vez mais lúcida, das "forças ocultas" que agem em seu inconsciente, capazes de retraí-lo ou de expandir seu potencial.

Sua autoestima é suficientemente forte e positiva, capaz de elevá-lo, socorrê-lo nas adversidades, levá-lo a conquistar seus objetivos, por mais ousados que sejam? Ou, infelizmente, você vive com medo, sentindo-se impotente, sem mérito e sem capacidade para firmar-se na vida e realizar seus próprios sonhos? Satisfaz-se em realizar os sonhos dos outros?

Crenças são forças autorrealizáveis. Você as acolhe e introjeta, cria e alimenta, conduz seus passos por meio da sua bússola, vive e se entusiasma com seu fascínio, morre – se preciso for – por elas. Em nome delas se destrói ou constrói, mata ou ressuscita. Sem dúvida, fascinantes e terríveis, onipresentes e poderosas. Em tudo que somos ou fazemos, sua presença nos freia ou impulsiona.

Atenção redobrada com elas, amigo! O segredo está nas escolhas...

5. Crenças e valores

Toda crença traz consigo *intenções positivas*. Do seu ponto de vista, na perspectiva em que foi criada e é mantida, visa ao "melhor" para quem a acolhe, vivencia ou propaga. Em última análise, do *seu* jeito, ela quer ser um *valor* para o indivíduo, a família ou a sociedade.

Crenças são como um baluarte a sustentar comunidades, a estabelecer e a manter unidas nações, a fomentar a guerra ou a paz. *E todos acreditam estar certos*. Reside aí sua magia, seu poder aglutinador capaz de criar extremistas, déspotas ou todo tipo de fanáticos.

Crenças são valores e, como tal, ninguém pretende abandoná-las. *Aceitar a mudança* e estar aberto a abandonar velhas crenças para dar lugar a *novos valores*: eis o desafio que toda verdadeira transformação requer.

Você é capaz de elencar os principais valores nos quais acredita? São energias positivas que o tornam cada dia melhor ou são apenas contravalores, camuflados em atrações que satisfaçam seu ego, e nada mais?

- *Saúde* é um valor tão real e imperdível que, em seu nome, você abre mão de todos os exageros que possam prejudicá-la ou até mesmo destruí-la?

- *Doença* lhe traz "benefícios secundários" e você a cultiva – mesmo que inconscientemente – com todos os engodos que ela esconde, não conseguindo ser feliz sem ela?

- *Amor* é tão fundamental que o compromisso e a fidelidade são colocados acima de tudo, ou casamento é relativo e "eterno enquanto dure"?

- *Família, religião, amigos, trabalho, lazer:* que valores representam em sua vida? Quais crenças a respeito fomentam a prioridade nas escolhas que você faz?

O desconhecimento a respeito de nossas crenças é o entrave que nos mantém presos a estágios pouco desenvolvidos, impedindo nossa evolução psicológica, humana e espiritual.

Suas atitudes revelam suas crenças. Observe-as!

Sua linguagem, suas convicções, suas preferências... tudo é fruto de suas crenças. Sua vida é um reflexo, um espelho de suas crenças.

Monitore-se, amigo! Analise seus fracassos, seus sucessos, suas decepções ou expectativas. Todos têm muito a lhe ensinar.

Você é o que acredita. Todo poder realizador está em suas crenças, nas conclusões a respeito dos fatos, nos sonhos que alimenta em seu coração, na visão que você tem da vida.

Novas crenças – se você as criasse, quais seriam as mais urgentes e necessárias?

6. Criando novas crenças

Antes de estabelecer novas crenças, tenha clareza das antigas que pretende substituir. Não basta querer eliminá-las. É preciso realmente *substituí-las*. Nada se elimina em nossa mente, como se faz ao deletar algum assunto em nosso computador, que simplesmente apagamos se não mais nos convém. Com nossas crenças não é assim. Temos de criar arquivos novos, diferentes, que, ao se abrirem, mesmo que paralelamente a outros, lhes tirem a força que até então exerciam.

- *Crenças fortalecedoras:* positivas e otimistas, que elevem nosso espírito e nos impulsionem a voar, sem medo e sem restrições.

- *Crenças de possibilidade:* de que somos muito mais capazes do que nossa pobre autoimagem nos sugere.

- *Crenças de mérito:* de que somos filhos abençoados do Universo, com todo direito à prosperidade e à plena realização humana.

- *Crenças de saúde:* de que nascemos para ser saudáveis, e que a vida em nossa mente e em nosso corpo é perfeita, maravilhosamente complexa e fascinante.

Elabore, amigo leitor, uma lista de possíveis empecilhos que o bloqueiam em sua realização pessoal, familiar ou profissional. Pergunte-se, com toda sinceridade: se você tivesse coragem de soltar as velhas amarras que o prendem, quais você soltaria?... Criar novos laços, mais sólidos e firmes, mais realizadores, o deixaria mais seguro, feliz e confiante?

As respostas são pessoais, íntimas e únicas. São *suas, escolhas* que só *você* pode realizar, cuja execução *só você* pode assumir.

Estar disposto a mudar, de coração aberto e mente receptiva: *eis o primeiro e grande passo!*

Selecione as crenças que o atrapalham e... dispense-as! Elabore e afirme diariamente suas novas convicções. Repita-as com muita persistência, agarrando-se decididamente a elas. São seu porto, sua bússola, seu farol, seu norte. São guias, são luzes, são forças contagiantes. Antes de tudo, são seu barco nas águas da vida. São seu novo poder: *o fascinante poder de suas crenças.*

7. Superstições, simpatias e crendices

O campo das crenças é imenso. Por isso mesmo, há lugar para todos os gostos. Cada qual acredita no que quiser e no que lhe apraz. No que julga ser útil. No que mais lhe convém.

Aliás, certas crenças são muito coloridas e estranhas. Outras, até mesmo divertidas. No entanto, são crenças e, como tal, merecem respeito e independem de seu conteúdo para se realizar. Apenas um é o conteúdo que as determina: *a fé que você deposita nelas.*

Pouco importa se a questão é "não passar embaixo de uma escada para não trazer azar"; você mesmo abrir a porta ao sair da casa de um amigo, senão "você não voltará mais"; não ficar em lugares desertos, em noite de lua cheia, porque "há lobos maus, travestidos de fantasmas a querer devorá-lo". Não importa o que lhe contaram ou desde criança lhe ensinaram a respeito do misterioso, do inexplicável, do temível que possa suceder-lhe se, acaso, fizer isso ou não aquilo, como: "persignar-se três vezes", e não apenas uma vez ao iniciar qualquer atividade; pisar sempre "com o pé direito" ao adentrar num campo de futebol; acender "sete velas às almas" para conseguir determinada graça...

Simpatias existem aos milhares. As que você conhece são mais que suficientes para entender meu recado. Se a sua estatueta de Santo Antônio "ficar de castigo, de cabeça para baixo", será que então você arrumará namorado ou namorada, nem que não seja no dia da festa do santo? E a fita do Senhor do Bonfim, é mesmo tão poderosa ou é mais um amuleto da sorte a enfeitar seu braço?

Enterra isso, desenterra aquilo, faz promessa para chover, para tempo bom, para acertar na Mega-Sena, para encontrar um grande amor... Cada qual com suas crenças, lógicas ou pouco racionais, mirabolantes ou realizáveis, sérias ou descabidas. Pouco importa qual seja seu conteúdo: *todas têm possibilidade de realizar-se*, basta vivenciá-las com fé.

Ser verdade ou não; ter consistência ou não; ser meramente folclórico ou ter algum fundamento: *tudo é absolutamente relativo.*

O que vale para você talvez nada signifique para mim. O que é sério e temível para uns, não passa de mera brincadeira para outros.

Na passagem de ano, ter que usar roupa branca, comer lentilha, uva, romã, tomar champanhe, entrar no mar para dar os famosos "pulinhos em sete ondas"... É assim mesmo, dirá você, ou poderia ser diferente?

E se nada disso fosse feito – e muitos não o fazem! –, como garantir um Ano-Novo bom? Como assegurar as bênçãos e a sorte de que tanto se necessita para mais um ano? Serão os "doze grãos de lentilha" – ou pode ser de uvas? – que você tem de carregar na carteira que irão lhe garantir doze meses de saúde e fartura?

Tudo é absolutamente subjetivo. Acreditar ou não: eis a questão crucial! Seu inconsciente não vai discutir com você. Suas crenças podem, sim, realizar-se! Dependendo das escolhas, até mesmo contra você... Este é um terreno movediço. Fique atento!

8. Crenças e dinheiro

O repertório popular é farto a esse respeito. Certas religiões também complicam muito. Interpretações medievais continuam vivas na mente de alguns pregadores e mais vivas ainda nas crenças do povo, principalmente dos menos favorecidos.

Para alguns, dinheiro e religião não se devem "misturar". Na opinião deles, não se deveria pedir a Deus para ter mais dinheiro nem fazer promessa para ganhar nas loterias ou jogos de azar. "Isso não combina", dizem.

Muitos, no entanto, mesmo que o digam, fazem o contrário. E estão felizes porque a sorte está com eles e "foi Deus quem os inspirou a jogar esses números". Que seja!

Uma prática religiosa muito puritana vai ensinar que "rico não entra no céu", que "dinheiro é esterco do diabo", que Deus "prefere os pobres"... Será?

Crenças populares misturam-se às religiosas e ouvem-se pessoas dizer que "dinheiro não dá em árvore, não cai do céu, não traz felicidade"... E se fosse o contrário?

Textos bíblicos são usados tanto a favor como contra a prosperidade, dependendo unicamente da interpretação que alguém dá ao referido texto.

Às vezes há "segundas intenções" na ótica que alguém imprime à passagem bíblica, tanto para beneficiar-se pessoalmente como para arrecadar dinheiro para sua igreja. Textos bíblicos em abundância ressaltam que as bênçãos de Deus produzem prosperidade. Há também mensagens de Jesus que lhe podem parecer duras, radicais e controversas. Tudo depende de sua visão, da maneira como você acolhe e interpreta a mensagem em questão.

Dinheiro é um valor de troca, resultante do seu trabalho e, como tal, ele é bom. O "bom" ou o "mau" são relativos. E a pergunta é simples: dinheiro serve para quê? Com que finalidade você o usa? Não é o "produto" que presta ou não presta, e sim o *destino* que a ele se dá. É sua *intenção* que o torna maldição ou bênção, pobreza ou fartura. Se for devidamente usado, ótimo! Se for meramente egoísta, péssimo! Se for partilhado, ótimo! Se for gananciosamente acumulado, péssimo!

Se o dinheiro "não para em suas mãos", se "escorre como areia entre seus dedos", se ele "sempre falta", se ele é "curto e o mês é longo", isso faz parte do rol de suas crenças que o inconsciente se encarrega de realizar.

Pare um pouco e analise suas crenças a esse respeito. Escolha as que lhe convém, com muito critério.

Dinheiro é importante e na atual conjuntura econômica não se vive sem ele. Com ele, pode-se viver melhor. Por isso é prudente poupar mensalmente – sempre que possível –, nem que seja um pouco, para estar disponível quando necessário. Ainda que isso também seja uma crença, facilita, no entanto, sua vida.

Se é tão complicado ficar sem ele, por que não ser feliz com ele?...

9. Doenças ou saúde?

Este é um campo extremamente minado. Há crenças para todos os gostos... Muitas delas tiveram início na infância, incentivadas por opiniões negativas, expressas com frequência a nosso respeito por pais ou parentes próximos: "Nossa filha é muito doentinha. Já nasceu assim. Vai ser difícil criá-la..."; "Este menino não tem jeito. Já fizemos de tudo e ele continua doente. É fraquinho demais! Se vingar, vai sofrer muito...".

Que *autoimagem saudável* alguém pode formar com opiniões assim? Que conceito positivo alguém terá, ouvindo seus pais falarem tão negativamente a seu respeito? Na maioria das vezes os pais não percebem o mal que estão fazendo. Nem sabem que estão inculcando na mente de seus filhos crenças poderosas, muitas vezes autodestrutivas. Honestamente jamais o fariam! No entanto, a semente foi lançada. Se ela germinar, novas crenças dela brotarão. Serão entraves, amarras, que podem perdurar a vida inteira.

Você pode sentir-se "vítima do destino". Deus não deveria castigá-lo tanto, se o motivo de tantas penas nem mesmo lhe é conhecido. Afinal, o que você fez de tão errado para viver doente, sofrendo assim, enquanto os outros se divertem porque são saudáveis?

E as crenças se multiplicam de acordo com as conclusões – negativas ou positivas – que sua mente atordoada vai elaborando.

Você pode até desesperar-se a ponto de contrair doenças piores ainda, para não dizer fatais. Tudo em seus pensamentos gira em torno disso. A "saúde" tornou-se um problema para você. Nem percebe que é a "doença" que virou problema... Saúde é solução, é bênção. Doença é entrave; saúde é liberdade. Doença é bloqueio energético; saúde é fluidez.

- Com quanta fé, na certeza de uma cura, você procura uma solução?

- Com que intensidade você acredita ser possível viver saudável, porque, *também você*, merece ser feliz?

Analisar, com muita atenção, as crenças que povoam nossa mente é tarefa indispensável para aperfeiçoarmo-nos humana e espiritualmente. Sua saúde poderia retornar com mais facilidade e rapidez se você acreditasse que, em pouco tempo, isso se tornaria possível. Disseram-lhe, porém, que "doença assim leva uns dois anos para ser curada". Se a depressão é muita profunda, os prognósticos são de lenta recuperação. E você acredita, então a demora evidentemente acontece.

Sua mente foi condicionada pela crença em tais prenúncios e cumpriu-se o que lhe disseram. Poderia ter sido diferente se a crença inculcada fosse outra. Todo cuidado é pouco!

Crenças... eis seu poder! E elas não escolhem sexo, idade nem etnia. Atuam sem questionar nem julgar.

Mais uma vez, atenção redobrada! Estamos pisando em terreno movediço. Pare e analise suas crenças. Sua saúde agradece.

10. Crenças, amor e sexo

Mais um campo delicado, imenso e cheio de tabus. As religiões têm aqui intensa participação. Criaram na cabeça das pessoas as mais variadas concepções a respeito de amor e sexo. De modo especial, sexo. Tornou-se o alvo preferido das investidas de pregadores e moralistas. Como se Deus tivesse criado algo horrível, capaz de jogar-nos em perpétua condenação.

Quase tudo a seu respeito foi rotulado. Eram pecados veniais ou mortais, de acordo com a intensidade da tentação ou do ato praticado. Não olhar, não tocar, muito menos prazerosamente explorar. Até mesmo *falar do assunto* era considerado, no mínimo, uma leviandade de mau gosto e não fazia parte do recato que homens e mulheres – principalmente elas! – deveriam ostentar, tanto em casa quanto mais em público.

Amor é a natureza de Deus partilhada com os homens. Nada há de mais sagrado, mais sublime, mais gratificante. No entanto, até ele foi deturpado pelo falso moralismo que impregnou, durante séculos, as mentes poluídas de inúmeros defensores dos bons costumes. Como se amar fosse pecado! E, se já não bastasse sua fúria inquisitória, era necessário criar princípios mais rígidos que os então vigentes para garantir a pureza do amor. Desse modo, na cabeça de crianças, jovens e adultos, *novas crenças* eram forçosamente incutidas em nome de uma "preservação dos bons costumes", pouco elogiável.

Sexo, portanto, era "coisa feia", certamente "invenção do diabo". Não poderia ser obra de Deus! Vigiado pela moral, sexo tornou-se proibido e reverberado pelos arautos das mais diversas correntes e denominações religiosas. E o que "pode" – só no casamento e com muita parcimônia – e o que "não pode" – que era muito, quase tudo –, passou a ser especificado nos mínimos detalhes. Assim, cada família criava ainda as próprias leis, dependendo da escrupulosidade da mãe ou da rigidez do pai, da religião que adotavam, dos ensinamentos – leia-se "crenças" – herdados de seus pais e avós, cada qual com suas cargas específicas, recebidas também de seus antepassados.

Sexo também é criação de Deus e, como tal, sagrado e dignificante. Tudo depende da intenção de quem o pratica, de como se utiliza essa energia vital tão profunda. Liberação geral também não é o mais correto. Em seu nome nascem a libertinagem e a promiscuidade sexual, causadoras de inúmeras doenças venéreas – o HIV já se alastrou mundialmente –, sem esquecer as traições, separações, destruição de lares e crimes passionais que delas derivam.

Amor não tem idade. A prática do sexo, sim. É o bom senso que deve ditar as normas. Crianças e adolescentes não têm cabeça nem corpo preparados para a prática. A pedofilia, a exploração sexual infantil – perversões que a nada levam, a não ser à mera satisfação de instintos – jogam-se como abutres sobre nossas crianças e adolescentes. Meninas engravidando bem antes do tempo; clínicas de aborto proliferando; o incentivo da mídia para que o sexo não pare... Irresponsabilidade total que deturpa o que Deus colocou de sagrado no corpo humano!

Respeito, admiração, encantamento... isso é "coisa do amor". E amor e sexo têm de andar juntos. É o amor que lhe dá sentido. É o amor que dignifica o que de bom e de agradável ele oferece.

- Quais são suas crenças a respeito de amor e sexo?

Pare, pense e analise-as.

11. Idade mental: juventude ou velhice?

A *idade cronológica* – o número de anos que consta na sua carteira de identidade – não é a mais correta ao falar-se de idade.

Dizem os estudiosos que a *idade mental* – a psicológica – é a mais importante de todas, visto ser ela a responsável pela *idade biológica* que seu corpo apresenta. Doença ou saúde, sofrimento ou bem-estar físicos dependem da idade mental, muito mais que de outros fatores fisiológicos.

- Você se considera jovem ou velho?

- Você aceita sua idade com realismo, sem necessidade de muitas explicações?

- Independentemente de sua idade cronológica, seu estado de espírito deixa-o mais jovem ou lhe confere aparência de velho?

Ser idoso é mais um estado mental do que físico. Ser velho também. Idoso é jovial, alegre, cheio de esperança. Velho é ranzinza, melancólico, saudosista. O primeiro se diverte, participa de atividades comunitárias e de lazer. O outro fica em casa, inativo e sem perspectivas. Você pode ser velho sem ter-se tornado idoso...

Já pensou nisso?

Ser velho ou não é também questão de crença. O que você pensa a seu respeito, a respeito da vida, de sonhos e objetivos ainda realizáveis. Você pode ser velho sendo apenas adulto. Com cinquenta anos há gente que já se "aposentou" da vida, esperando pelos parcos benefícios que o governo lhe dará em alguns anos. Cansado de viver, seu espírito está desanimado e sem vitalidade.

Conheço – como terapeuta que sou – pessoas com mais de noventa anos esbanjando alegria e saúde. Sua mente é jovem porque acreditam na vida e seu corpo responde aos impulsos vitais que a alma lhe transmite. São jovens de espírito, felizes com cada dia que Deus lhes presenteia, vivendo-o ao máximo. Suas crenças positivas reforçam sua saúde e motivam os corações aflitos de tantos – com menos idade – decepcionados com os dias sofridos que vivem.

Num lar de idosos conheci voluntários com mais idade que a maioria dos hóspedes, cuidando daqueles que o peso dos anos precocemente envelhecera. Estavam ali, prestativos e dinâmicos, partilhando seus cuidados com quem deles necessitasse. Amor é isso: doar-se, sem recompensa alguma, sem nada esperar em troca. Apenas para ajudar, para deixar alguém um pouco mais feliz em meio à doença ou à solidão.

- Qual sua *idade mental*, amigo leitor?

- Você é mais jovem que sua idade cronológica?

- Os outros o admiram por sua vitalidade e disposição, ou o julgam mais velho do que realmente é?

As crenças a esse respeito têm um peso muito grande. São decisivas em termos de saúde física, visto que seu corpo é um espelho de sua alma.

Repense, se preciso for, suas crenças atuais. Crie novas. Instale-as, diariamente, com programações positivas, em seu arquivo mental.

Você pode ser mais jovem e saudável do que é, mesmo que esteja bem. Experimente e verá!

Você pode "morrer jovem", mesmo tendo mais de oitenta, noventa ou cem anos. Não é uma ótima ideia?...

12. Deus gosta ou não gosta?

Com a melhor das intenções – unicamente para manter os filhos ou os fiéis "no bom caminho" –, criaram-se as mais extravagantes crenças possíveis. Para incutir medo, para prometer castigos, para manter sob restrita obediência ou mesmo dominação religiosa, o nome de Deus é "usado em vão" contra os próprios preceitos do Senhor de honrá-lo e respeitá-lo (cf. Ex 20,7).

As ameaças e os castigos a quem "erra" vão dos mais terríveis e eternos, como "arder no fogo do inferno", até os mais brandos, como "padecer na solidão do purgatório por longos anos"; por sua vez, para quem fizer o que agrada a Deus, vivendo como ele "gosta", há as recompensas do céu.

- E quem conhece os "gostos" de Deus?

- Terá ele preferências?

- Vai nos julgar por pequenos deslizes, como "dizer nome feio; comportar-se mal na igreja; fazer fofoca de outros; mexer nos genitais", mesmo inocentemente?

Deus gosta, ou não gosta, de quê? Ele é permissivo, não julgando por meras trivialidades? Ou tem a ver com Deus tais ensinamentos, em forma de medos e castigos, a que tantos recorrem para manipular a consciência dos outros?

Como crença é crença e, como tal, produz resultados – podendo infernizar a vida de alguém ou divinizar sua passagem entre nós –, temos que ter o máximo cuidado com tudo que diz respeito à palavra, com nós mesmos e com os outros. Nossas crenças precisam passar por crivo, ser purificadas, ter consistência. Não se pode "brincar" com coisas tão sérias e muito menos valer-nos do nome de Deus para conseguir obediência, sossego ou paz familiar ou social. Ou podemos?... Qual é a *sua* opinião?

Crenças podem tornar-se mecanismos de exploração, de supremacia do homem sobre a mulher, de extermínio de quem "crê diferente" e não adota os mesmos procedimentos religiosos de quem pretende, a ferro e fogo, impor as próprias convicções, muitas vezes fanáticas e extremistas.

Certamente Deus "gosta" quando as pessoas se amam, porque *o amor é a energia que mantém tudo unido*, é a própria subsistência do universo.

Certamente Deus "gosta" quando a paz predomina sobre a guerra e os povos vivem em harmonia.

Certamente Deus "gosta" quando a saúde, o bem-estar, a prosperidade é direito de todos, porque todos são filhos de Deus e, ele, como Pai, se alegra ao ver seus filhos bem-sucedidos.

Este é o *meu* mundo de crenças. Minha cosmovisão religiosa. A *sua* pode ser outra, parecida ou igual. Tudo vai depender da ótica com que você vê e interpreta sua vida e a própria relação com Deus.

Responder a esta ou outras questões pode fazer toda diferença. Descobrindo sua posição, você viverá bem mais consciente, com plena liberdade para seguir seu rumo ou até mesmo modificá-lo. Sua crença o dirá.

Mais uma vez, a escolha é sua!

13. Religião: entrave ou libertação?

Crenças servem para todos os fins. Para a mais vil ou nobre finalidade, à mais vexatória ou à mais digna. Para manter pessoas ou nações inteiras sob o domínio da tirania, ou para libertá-las de escravidões políticas ou religiosas que afrontam os mais rudimentares princípios da dignidade humana.

Religião – será mesmo "religião"? – pode transformar-se, nas mãos de oportunistas ou mal-intencionados, em exploração ou entrave para perpetuar o medo e a ignorância de pessoas humildes e pouco esclarecidas. Há inúmeros exemplos espalhados por todo o planeta. Povos inteiros subjugados por crenças radicais e obsoletas, sofrendo as consequências opressoras de sistemas políticos ou religiosos fundamentalistas que mantêm as populações mais simples e carentes num conformismo tristemente involutivo.

Religião verdadeira *"re-liga"* você a Deus, e Deus é libertador. Ele lhe deu uma dádiva divina: o *livre-arbítrio*. Ele respeita suas escolhas, ainda que sempre deseje sua evolução humana, psicológica e espiritual. Ele manifestou seus caminhos ao longo da História – isso também é crença! –, dando-nos sugestões de convívio harmonioso, respeito pelo próximo e amor partilhado.

Religião verdadeira liberta, coloca-nos a caminho, desinstala-nos do egoísmo e do marasmo em que o individualismo nos amarra, prendendo-nos aos grilhões da indiferença. Você descobre, então, que seu papel de filho de Deus é ser cocriador, parceiro no desenvolvimento e na preservação ambiental de nosso planeta.

- Se você tiver preferência religiosa, essa "religião" significa realmente o quê?

- É possível vivê-la com alegria ou ela representa um peso em sua vida?

- Ela é impulso vital, fonte de energia, alimento de sua alma?

Suas crenças religiosas são extremamente importantes. É preciso reavaliá-las com todo cuidado. Seu entrave na vida ou sua libertação estão diretamente ligados a sua prática.

Verifique, amigo, o quanto elas são formadas por proibições e ameaças que restringem sua liberdade de expressão, criando um clima de tensão e de medo em relação a Deus. Ou, ao contrário, se são um leque de possibilidades que se abrem em seu caminho para elevar sua vida, dignificando-a sempre mais, fazendo-o andar de cabeça erguida, feliz em fazer parte dos bilhões de filhos de Deus que aqui peregrinam.

Continue fazendo suas escolhas. Sua vida e sua felicidade dependem delas. Seja iluminado!

14. O inconsciente não julga, realiza

Um poderoso mecanismo de execução de objetivos: eis uma boa definição para o inconsciente. Sem julgamento de valores ou de resultados propostos, ele realiza nossas programações, quer tenhamos consciência delas, quer sejam automaticamente gravadas sem as percebermos.

Por tudo isso é muito importante prestarmos atenção ao que se passa em nosso íntimo. Podemos estar trabalhando *contra nós*, com programações negativas ou medos que o inconsciente registra e executa. Pela *lei da atração* acabamos tendo exatamente o que tanto temíamos. Vale o mesmo para todo tipo de crenças que carregamos conosco. O inconsciente as acolhe e realiza, sem questionar-nos a respeito do valor ou não delas.

- Elas são prejudiciais ou proveitosas?

- Terão impacto negativo ou positivo em nossa vida?

- Criarão resultados inesperados ou terão força de unir as pessoas, mantendo-as numa convivência amigável e harmoniosa?

Suas convicções são como sentenças. Tanto para o mal quanto para o bem, elas se cumprem. Não adianta dizer que não sabia que seria assim, nem achar que apenas é "brincadeira". Mentira ou verdade, imaginário ou real: *tudo* tem o mesmo sentido para o inconsciente.

Portanto, cuidado com o que você pensa! Mais cuidado ainda com o que fala! Seus pensamentos e suas palavras são energias autorrealizáveis.

- E o que você *pensa* de sua vida?

- E o que *diz* a respeito?

- *Afirma* seus limites e suas incapacidades como se fossem fatos, ou pelo menos "desconfia" de que falar desse jeito o prejudica?

Suas crenças são programações. Com tempo e repetição, cada vez mais se fortificam. Fazem parte de seu DNA psicológico. Estão aí: incrustadas em sua personalidade. São seu ar, seu sangue, sua maneira única de ser. E todas elas, automaticamente, são registradas em seu arquivo mental-cerebral. Diante de estímulos, elas respondem. Seu conteúdo determina as reações que você terá. Então, fique atento aos sinais, aos sintomas que se manifestam. É o jeito de flagrar suas crenças. Estão vindo à tona? Olho nelas!

Reside aí a extrema importância desta reflexão: familiarizar-se com seu inconsciente. Estudar seus mecanismos. Aprender a usá-lo a seu favor, dia e noite. Bem programado, ele é maravilhoso e, em todos os sentidos, pode assessorá-lo.

Aproveite-o ao máximo! Com certeza, ele terá prazer em servi-lo.

15. Crenças são âncoras

O automatismo das crenças é um fator que merece atenção. Tenhamos ou não consciência delas, diante de fatos, situações, lugares ou pessoas, elas disparam. Quando negativas, em nada contribuem. Felizmente as crenças positivas nos favorecem, e é nesse ponto que precisamos chegar: elas devem ser "gatilhos positivos", alavancas que nos ergam e sustentem na caminhada.

Âncoras – de acordo com a Programação Neurolinguística – "são gravações que automaticamente disparam diante de situações iguais ou parecidas ao fato inicial". Os mais diversos motivos, conhecidos ou não; questões circunstanciais inesperadas; medos desproporcionais: sustos terríveis; encontros ocasionais; paisagens marcantes; músicas inesquecíveis; perfumes, olhares... tudo é propício a tornar-se uma âncora em sua vida. *A emoção do momento é determinante:* quanto maior o impacto, mais forte e nítida a gravação. E quando uma âncora dispara, tudo vem à tona de novo, com a mesma intensidade. Vive-se, revive-se, experimenta-se tudo que já se vivenciou. Isso é muito ruim ou maravilhosamente fascinante. Depende...

Digamos que suas crenças mais poderosas ou até um tanto radicais têm a ver com pessoas ou lugares que o marcaram profundamente. Um encontro romântico; um local sagrado; uma vivência religiosa; um momento especialíssimo de fé, de encontro com Deus... *tudo* que é capaz de transformar sua vida. Basta reencontrar, pisar novamente esse chão, vivenciar de novo experiências similares às primeiras... e as âncoras, acionadas, se encarregam de levá-lo ao êxtase que um dia experimentou. Em termos vivenciais, isso é fantástico!

Analise, amigo, *o poder de suas âncoras*. Se fossem todas como as últimas que descrevi, ótimo! Infelizmente, muitas vezes, a verdade é outra: temos inúmeras âncoras negativas. E elas nos amarram, bloqueiam, paralisam, põem em pânico. São capazes de destruir nossa iniciativa criadora, prender-nos ao meramente convencional, limitar-nos somente ao conhecido, isento de ousadia ou desafios.

- Âncoras de medo, de insegurança, de baixa autoestima, de pouca valorização: você saberia *quando* as criou?

- Você está suficientemente atento aos males que elas lhe causam?

- Você é capaz de esvaziá-las da força destruidora que carregam?

- Saberia como fazê-lo?

As reflexões deste livro podem contribuir para isso, para "despertá-lo", para acender uma luz em seu caminho e iluminar seus passos. Sua *luz interior*, somada à luz exterior que a vida agora lhe oferece, fará toda diferença. Você terá uma jornada segura, abençoada e feliz. É só prosseguir...

16. Viver antenado

Tornar-se uma sentinela de si mesmo: esta é a proposta a ser concretizada. Por mim e por você, por todos que desejam usufruir, ao máximo, sua vida: este é o desafio diário a ser efetivamente concretizado.

Fácil? Nem tanto! Isso porque nosso inconsciente – maravilhoso como é – nos prende em suas armadilhas. Uma delas é a constatação de que ele não gosta de viver *o dia de hoje, o agora*. Gosta, sim, de "viajar". Adora o passado, projeta-se no futuro, contanto que não tenha compromissos sérios com o presente.

Como o inconsciente é atemporal – acima do espaço e do tempo –, distrai-nos facilmente com recordações de "bons tempos" ou remorsos de "tempos ruins", pouco ou nada aproveitados. Enche-nos de *ansiedade* perante o futuro, num excesso de preocupações desnecessárias.

Aqui entra em jogo o papel decisivo do *consciente*. É ele que precisa assumir o controle, trazendo-nos constantemente de volta de nossas "viagens". Devaneios mentais são fugas. Tiram-nos do foco, da atenção que devemos ter com nossas atividades diárias.

Estar "aqui e agora" é um exercício que requer vigilância constante. Aprende-se aos poucos, com amor e boa vontade, com dedicação e persistência. É o caminho evolutivo que nos leva à luz. "Vigiai e orai", recomendou o Mestre (Mt 26,41). Se você acredita nele, pense diariamente em suas maravilhosas palavras.

Suas crenças podem bloqueá-lo ou ajudá-lo na execução desse nobre objetivo: *viver antenado*. Basta que você não tenha convicções pessoais de que é "distraído, avoado, aéreo, ansioso demais, com a cabeça a mil...". Se essa for sua crença, é preciso atualizá-la. Informe ao seu inconsciente que, *de hoje em diante, você vive aqui, no presente*. Que este é o único tempo real de que dispõe e que vai vivê-lo intensamente. Informe também que decidiu ser feliz *hoje*, que não vai mais iludir-se com a alienação do futuro, de que "um dia, quando os filhos estiverem formados e você devidamente aposentado, então, sim: *vai ser feliz*"... Avise ainda ao seu inconsciente que sua saúde, principalmente seu sistema nervoso, agradecem pelas novas decisões tomadas. Que tudo está bem e o comando da situação está em suas mãos.

Cada dia é o grande momento: o único. Vivê-lo bem é o supremo desafio. Sua crença dirá se é possível ou não.

Mais uma vez, a escolha é sua: seja feliz *hoje*.

17. Rompendo limites

"Isso não é mais para mim... Bons tempos aqueles! Preciso conformar-me agora com a nova realidade..."

Você já ouviu lamentações parecidas? Notou quantas crenças elas trazem em seu bojo? Saudosismos, sensação de impotência, vitimizações... em nada favorecem a saúde integral de quem as alimenta.

Homens têm suas crenças, de que não devem demonstrar sentimentos e precisam ser sempre fortes, o que faz com que muitas vezes sofram calados, negando as próprias emoções, quando, na verdade, gostariam mesmo era de receber um longo abraço e ter um ombro para chorar.

Não é diferente com as mulheres. Em nome das mudanças hormonais, elas criam dezenas de crenças e as justificam para si e para os outros, quando arrumam "encrencas" mais do que necessário. Também seus "calorões" são muito mais de fundo emocional do que físico – sem excluir este último –, mas quem disse que elas acreditam nisso? Sua libido diminui por fatores biológicos e afetivos, e poucas admitem que um *grande amor* poderia ressuscitar seu desejo. Amor antigo, renovado, também é válido, não tendo que necessariamente ser um novo amor que surja em sua vida.

Crenças não discutem conosco: *criam resultados*. E, como tal, bloqueiam ou libertam.

Limites existem. Em nome da sã consciência seria temerário negá-los. Muitos deles, você mesmo cria. Existem unicamente em sua mente. Em seu poder destruidor, no entanto, impedem-no de realizar seus sonhos. Prendem-no impiedosamente às quatro paredes de seu quarto, matando-o aos poucos de tédio e solidão.

43

A idade avançada ou quadros crônicos de depressão pioram muito a situação que se instalou. Aceita-se, então, conformadamente, que seja assim.

Limites existem, sim. Ainda que seja preciso *respeitar* alguns, outros há que perduram unicamente porque você ainda não os rompeu, não os ultrapassou, não os inseriu no rol de suas conquistas.

Limites do corpo: são muitos e reais. É prudente reconhecê-los. Se é um desafio lidar com eles, muitos também são superáveis. Tanto a mulher como o homem terão os seus, cada um de acordo com sua própria fisiologia e suas crenças.

- E os seus limites, você os conhece?

- Está conformado com eles ou planeja superá-los, uma vez que muitos são mais psicológicos do que físicos?

- Aceita, com amor, o que não pode mais ser mudado, disposto a mudar tudo que ainda é possível?

Memória fraca, falta de concentração, atividade física inexistente, apetite diminuído, potência sexual enfraquecida... E você, o que está fazendo para reverter este quadro, no que é possível revertê-lo?

Há bons terapeutas que podem ajudá-lo. Há exercícios que alavancam sua mente e seu cérebro, refazendo seu corpo. Há caminhadas a serem feitas. Há um espírito mais jovem a ser criado.

E, você, o que faz? Acomodou-se a seus limites e vive amarrado a eles? Observe, por favor, cadeirantes jogando basquete, participando de maratonas, frequentando pistas de esporte olímpico...

Isso não o emociona? Não o desafia? Não o envergonha em seu marasmo doentio?

Crenças são crenças e é preciso ficar atento. Limites são limites, mas dependem de como você os encara. Sabia que, muitos deles, você pode romper?...

18. Deus: seu lugar em nossas crenças

Cada ser humano é único. É um raio de luz do Grande Sol. É um espírito que veio, por parte de Deus, para vivenciar aqui experiências humanas. O planeta Terra é um terreno experiencial: é como a escola que o Pai escolheu para seus filhos descobrirem o propósito de sua vida.

Você percebe que *minhas afirmações também são crenças?* E podem não ser as suas. E, apesar disso, todas merecem respeito. "Religião não se discute", diz a sabedoria popular: *vive-se*. Você com suas convicções, eu com as minhas.

Como não se vive sem crenças, é recomendado adotar as que mais se adaptam ao nosso projeto de vida e à finalidade de nossos sonhos. E Deus faz parte decisiva dessas crenças, ou pode fazer, se assim você quiser. Cada qual com as próprias concepções, de acordo com o estágio evolutivo em que sua alma se encontra.

Deus é para nós quem conseguimos "compreender" em nosso momento espiritual. Deus se revela e, só por isso, temos um caminho de acesso a ele. Através dos mais diversos sinais e chamados, ele se manifesta. *Ele é, para você, quem você descobre que ele é.* Diferente para cada alma, igual para todos: o mesmo Deus.

- Você já descobriu que lugar Deus ocupa em suas crenças?

- Numa escala de valores, ele é o primeiro ou vem logo após dinheiro, fama, sucesso?

- Suas crenças no amor de Deus, em seu poder, em sua misericórdia, tornam-no um filho muito próximo, chegado a ele como a um Pai querido?

Há muitos *estágios* no caminho de nosso aperfeiçoamento humano e espiritual. Em qual deles você se encontra? Deus está "lá em cima" e você "aqui em baixo"? Deus está longe, olhando você com olhos de juiz, atento a todos os seus erros, pronto para executá-lo? Ou Deus está aqui, conosco, no meio de nós, *dentro de nós*, em nosso coração? Você constantemente "precisa" de Deus como protetor, como socorro em suas necessidades? Ou você contempla Deus, adora-o e extasia-se em sua presença, sem nada pedir, apenas *agradecer*?

- Seu Deus é Criador e você é cocriador com ele?

- Seu Deus é paz, luz, vida... tudo que sua alma anseia para alimentar sua fome e saciar sua sede espirituais?

Você sabe a importância que Deus ocupa em sua vida. Aos poucos você pode evoluir em sua compreensão religiosa. Um método extremamente útil e poderoso é a oração.

Sua fé lhe dirá o quanto ela é mágica e milagrosa. A própria medicina o admite: *a fé e a oração curam*. Às vezes, mais que os remédios. As crenças são fascinantes. Cabe-nos *purificá-las*. Cabe-nos agarrar-nos ao seu fascínio e voar ao encontro da realização de nossos sonhos. Voar ao encontro do próprio Deus. E o seu endereço? Suas crenças o indicarão!

CONHEÇA TAMBÉM OUTROS TÍTULOS DO AUTOR
PUBLICADOS POR PAULINAS EDITORA

FORÇAS PARA VIVER
Palavras de ânimo para quem sofre na alma e no corpo

UM NOVO JEITO DE VENCER A DEPRESSÃO
A cura possível através da terapia holística

O GOSTO DAS PEQUENAS VITÓRIAS
Como vencer os medos que nos afligem diariamente

O SEGREDO DA LONGEVIDADE
Sonhos e desafios para manter-se ativo e saudável em qualquer idade

NA ESPERANÇA DO REENCONTRO
Para quem está de luto e deseja superar as lágrimas

O PODER DA SUPERAÇÃO
Como recuperar a saúde e viver de bem com a vida

A CORAGEM DE SER RESPONSÁVEL
Descubra se você é reativo ou proativo, omisso ou comprometido

O PODER DA PALAVRA
Os incríveis efeitos do pensamento e da fala sobre nossa vida

VIVER SEM PRESSA
O desafio de administrar sua ansiedade

AMOR E LIBERTAÇÃO
Superando mágoas e invejas, ciúmes e traumas emocionais

Impresso na gráfica da
Pia Sociedade Filhas de São Paulo
Via Raposo Tavares, km 19,145
05577-300 - São Paulo, SP - Brasil - 2018